DAIANI TEODORO DE MELO RIBEIRO
DANIEL TEODORO DE MELO
ROGÉRIO ADRIANO DE SOUSA

APOSTILA – Introdução às Planilhas Eletrônicas

GUIA RÁPIDO COM ATIVIDADES

1ª Edição

SÃO JOSÉ DO RIO PARDO – SP

CLUBE DE AUTORES

2022

Dados Internacionais de Catalogação na Publicação (CIP)

R484t Ribeiro, Daiani Teodoro de Melo

APOSTILA - Introdução às Planilhas Eletrônicas/ Daiani Teodoro de Melo Ribeiro, Daniel Teodoro de Melo, Rogério Adriano de Sousa. - São José do Rio Pardo: Clube de Autores, 2022.

45f.

ISBN: 978-65-5392-712-4

1. Planilhas. 2. MS-Excel. 3. Fórmulas e funções

I. Título.

CDU 681.

APRESENTAÇÃO

Apostila para usuários que desejam iniciar o trabalho com planilhas eletrônicas. Serão tratados os conceitos iniciais relativos à manipulação de planilhas, operações aritméticas, funções matemáticas, funções lógicas, gráficos e a configuração do trabalho para impressão.

Após cada conceito apresentado serão propostos exercícios de fixação para que os conceitos possam ser assimilados com sucesso.

Esperamos que este trabalho possa ajudá-lo nas atividades cotidianas.

Abraços

Daiani Teodoro de Melo Ribeiro

Daniel Teodoro de Melo

Rogério Adriano de Sousa

Sumário

Capítulo 1 - Conceitos Iniciais

Para a utilização de planilhas eletrônicas utilizadas neste livro, será usado o programa Excel da empresa Microsoft, versão 2010.

A. Vamos entrar no Excel. Clique em Iniciar - Programas - Microsoft Excel.

Observe que na janela que apareceu temos letras que identificam as colunas, e temos números que identificam as linhas.

A planilha é composta de colunas - identificadas por letras e de linhas - identificadas por números.

Do encontro de uma linha com uma coluna temos uma **célula**.

Toda célula possui um endereço, ou seja, sua localização, a coluna e linha respectivamente onde ela se encontra. Ao observar a Figura 1, note que o primeiro quadro está em destaque, dizemos que o endereço desta célula é A1 (coluna A e linha 1)

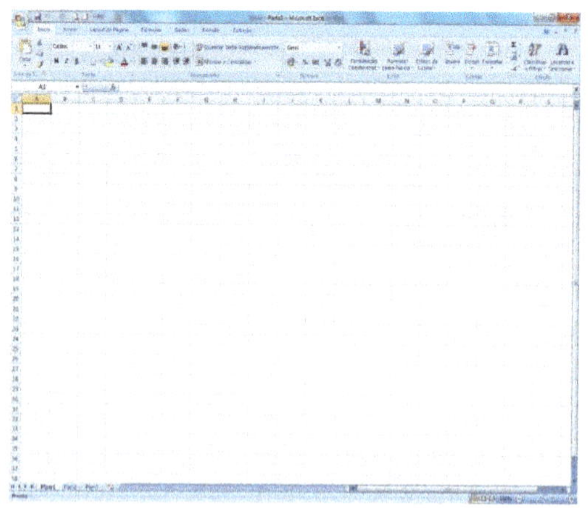

Figura 1: Tela do MS-Excel

Atividades

1. Clique a seguir:

    a. Coluna B *(clique sobre a letra B da coluna)*

    b. Linha 17 *(clique sobre o número 17 da linha)*

    c. Célula A5 *(observe a coluna A e a linha 5 e clique no quadro correspondente)*

    d. Célula C2 *(observe a coluna C e a linha 2 e clique no quadro correspondente)*

2. Pressione a tecla F1, observe que aparece na tela o Assistente do Office. Digite na caixa que apareceu "fechar uma pasta de trabalho" e clique em pesquisar.

Assim, o assistente mostra a você as informações relativas à sua pergunta.

3. Suponhamos que você não saiba fechar uma pasta de trabalho, selecione essa opção nas informações que o assistente exibiu.
4. Será aberta uma nova janela explicando como fechar uma pasta de trabalho. Leia atentamente as instruções e feche a pasta de trabalho que você está trabalhando.

Durante a execução de qualquer tarefa no Excel, se existir alguma dúvida, recorra aos recursos de Ajuda disponíveis. Você sempre encontrará instruções passo a passo que lhe ajudarão de maneira rápida e precisa.

Capítulo 2 - Seleção de células

A. Entre em Iniciar - Programas - Microsoft Excel.
B. Iremos trabalhar com a seleção de intervalo de células. Suponha que o objetivo seja selecionar o intervalo de células que vai de A1 até A5. No Excel para representar intervalo contínuo usamos A1:A5.
C. Na prática, para a seleção do intervalo devemos clicar na primeira célula do intervalo (neste caso A1) e arrastar o mouse até a última célula (A5)

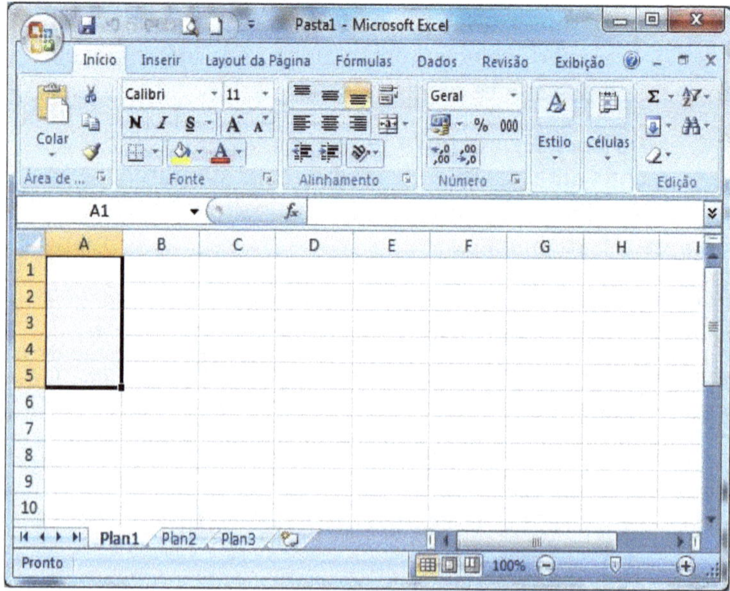

Figura 2: Intervalo contínuo

D. Também podemos digitar na Caixa de Nome o intervalo desejado e em seguida pressionar a tecla ENTER.

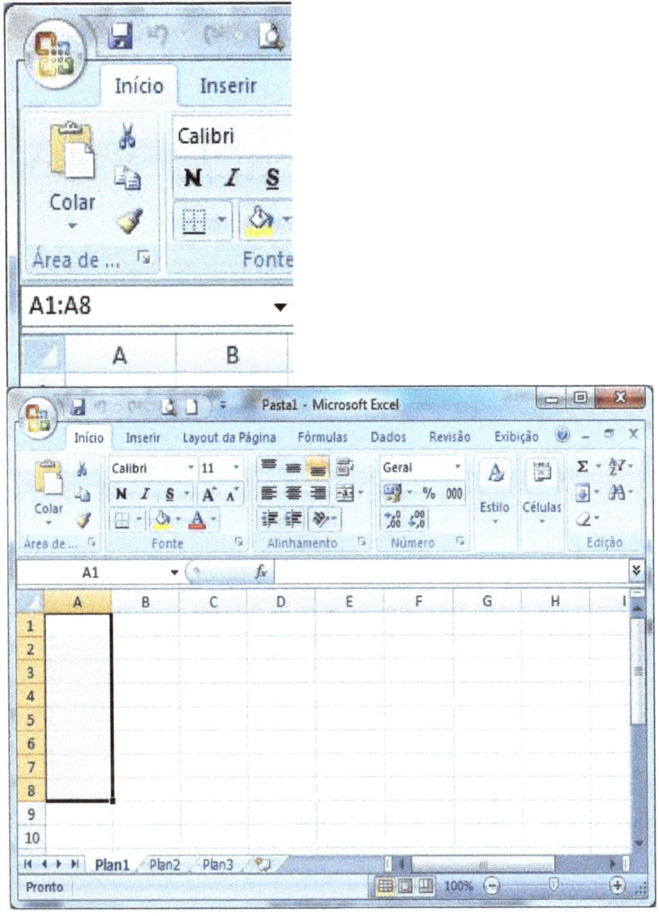

Figura 3: Seleção pela caixa de nome

E. Quando o intervalo de seleção não é contínuo devemos selecionar o primeiro intervalo, manter a tecla CTRL pressionada e selecionar o próximo intervalo. Ao terminar a seleção, podemos liberar a tecla CTRL.

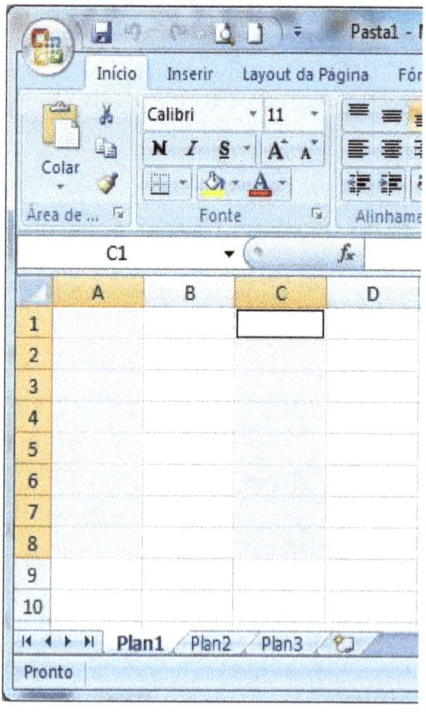

Figura 4: Seleção com intervalo não contínuo

F. O intervalo da figura 4 deve ser definido da seguinte forma: A1:A8;C1:C8

Atividades

No desenho da planilha abaixo, pinte os intervalos que são pedidos:

	A	B	C	D	E	F	G	H
1								
2								
3								
4								
5								
6								
7								
8								
9								
10								
11								

1. A1: A10
2. C1:F1
3. C6:D10
4. Coluna H

Capítulo 3 – Inserção de Dados e Formatação Rápida

1. Abra o programa Microsoft Excel
2. Crie a planilha a seguir:

	A	B	C	D	E	F	G	H	I
1	Índice de vendas 1º semestre de 2013								
2									
3	produto	Janeiro						Total por Produto	
4	arroz	20	25	60	90	65	95		
5	feijão	40	60	50	60	35	50		
6	macarrão	50	40	20	35	25	50		
7	óleo	30	50	30	25	35	60		
8									
9	Total por mês								

Figura 5: Digitação da Planilha de Vendas

3. Selecione a célula B3. Você precisa preencher até o mês de Junho, isto é possível através do autopreenchimento do Excel.

    - Posicione o cursor do mouse sobre a alça de preenchimento

    - Clique e arraste até a letra G. Pronto! Os meses foram preenchidos.

Vamos formatar esta planilha para depois fazermos os cálculos.

4. Clique na célula A1, segure a tecla SHIFT e clique na célula H1. Observe que foi selecionado um intervalo de células.

5. Na barra de ferramentas formatação, clique no botão
   Mesclar e Centralizar

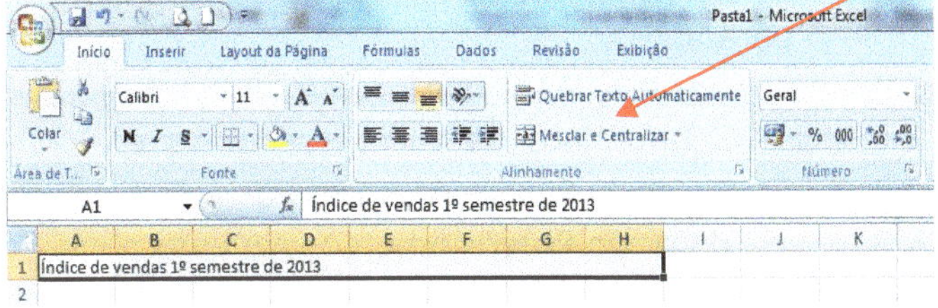

Figura 6: Uso do botão Mesclar e Centralizar

6. Observe na barra de formatação, alguns ajustes rápidos que podemos fazer nas células:

Figura 7: Botões de Formatação

A – tipo de fonte, isto é, o tipo da letra que será usada

B – tamanho da fonte

C – texto em **negrito**

D – texto em *itálico*

E – texto sublinhado

F – cor de preenchimento da célula

G – cor da letra

7. Com o intervalo de célula que contém o título selecionada, use os botões da barra de formatação para aplicar:
   - Fonte: Arial Black
   - Tamanho: 14
   - Cor da Fonte: Azul Escuro
   - Cor do Preenchimento: Azul Claro

8. Clique na célula A9 e entre em Formatar – Auto ajuste da Largura da Coluna. Assim, automaticamente a coluna é aumentada.

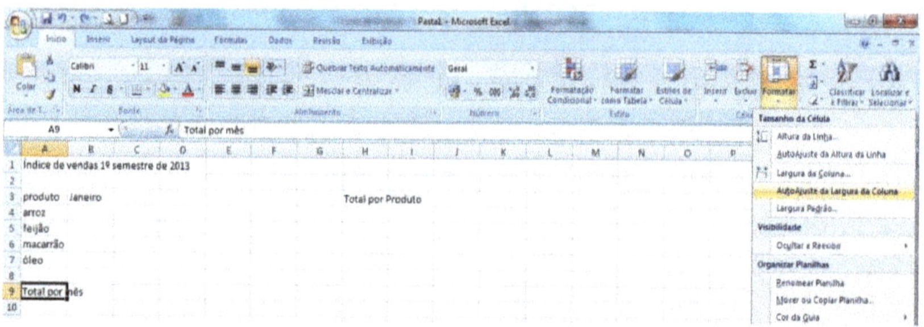

Figura 8: Uso do Auto Ajuste da Largura da Coluna

9. Repita o procedimento anterior para ajustar o tamanho na célula H3.

10. Selecione o intervalo A3:H3 e faça na barra de formatação:
    - Fonte: Times New Roman
    - Tamanho: 11
    - Estilo: Negrito e Itálico
    - Alinhamento: Centralizado
    - Cor da Fonte: Violeta

11. Clique em B4, segure a tecla SHIFT e clique em G7.

12. Com este intervalo de células selecionado, faça:
    - Fonte: Tahoma
    - Tamanho: 11
    - Cor da Fonte: Azul
    - Estilo: Itálico
    - Clique no botão Formato de Número de Contabilização.

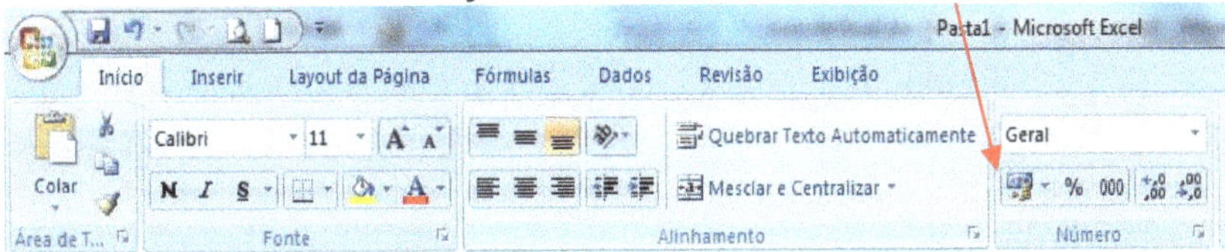

Figura 9:Uso do Formato de Número de Contabilização

    - Ajuste a largura da coluna

13. Selecione toda a coluna A e clique no botão Negrito.

14. Clique no botão Salvar

Figura 10: Uso do Botão Salvar

15. Para o nome do arquivo, digite Índice de Vendas 2013, e clique no botão Salvar.

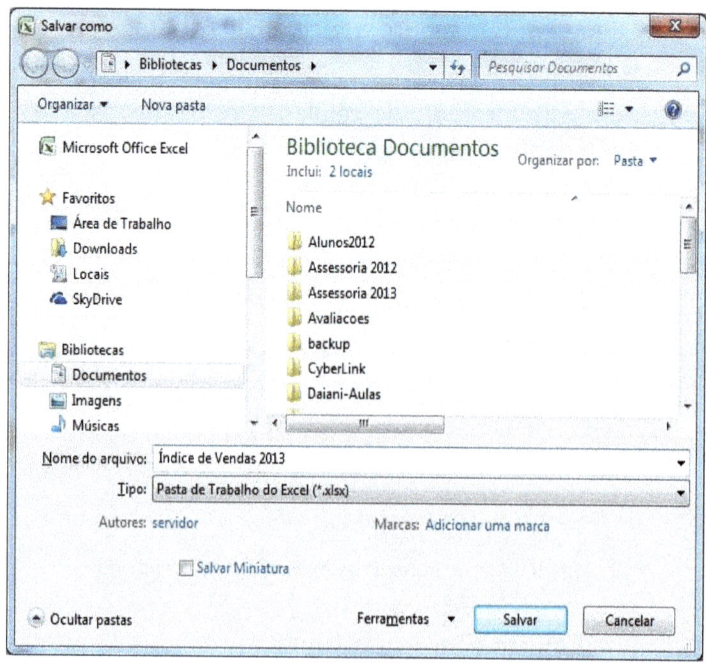

Figura 11: Tela de Salvar

Capítulo 4 - Adição de valores

1. Entre no Microsoft Excel
2. Clique no botão do Office e em Abrir

Figura 12: Botão Abrir Arquivo

3. Localize o arquivo Índice de Vendas 2013

Vamos calcular os valores do Total de Vendas de cada produto.

4. Na célula H4 deverá aparecer o total de vendas de arroz, portanto, clique na celular H4.

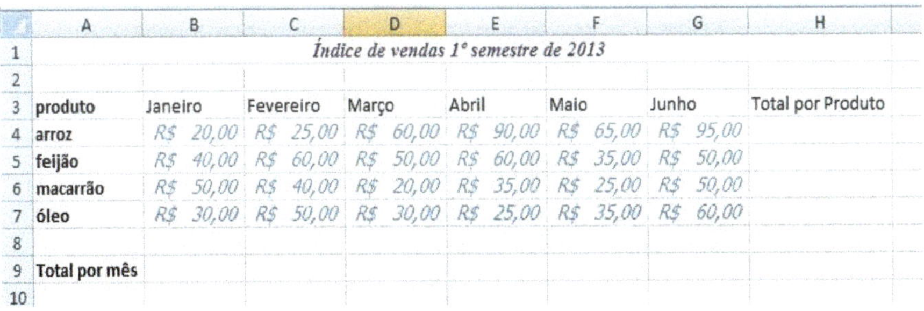

	A	B	C	D	E	F	G	H
1			*Índice de vendas 1° semestre de 2013*					
2								
3	produto	Janeiro	Fevereiro	Março	Abril	Maio	Junho	Total por Produto
4	arroz	R$ 20,00	R$ 25,00	R$ 60,00	R$ 90,00	R$ 65,00	R$ 95,00	
5	feijão	R$ 40,00	R$ 60,00	R$ 50,00	R$ 60,00	R$ 35,00	R$ 50,00	
6	macarrão	R$ 50,00	R$ 40,00	R$ 20,00	R$ 35,00	R$ 25,00	R$ 50,00	
7	óleo	R$ 30,00	R$ 50,00	R$ 30,00	R$ 25,00	R$ 35,00	R$ 60,00	
8								
9	Total por mês							
10								

Figura 13:Planilha Índice de Vendas

5. Para sabermos o total, devemos somar a quantidade vendida do produto em cada mês. Digite então: =B4+C4+D4+E4+F4+G4

Pressione ENTER para confirmar a fórmula.

6. Repita o procedimento anterior para calcular o total para as células: H5, H6, H7.

Vamos aprender uma forma mais prática para somar valores

7. Clique na célula B9.

8. Clique no botão AutoSoma Σ

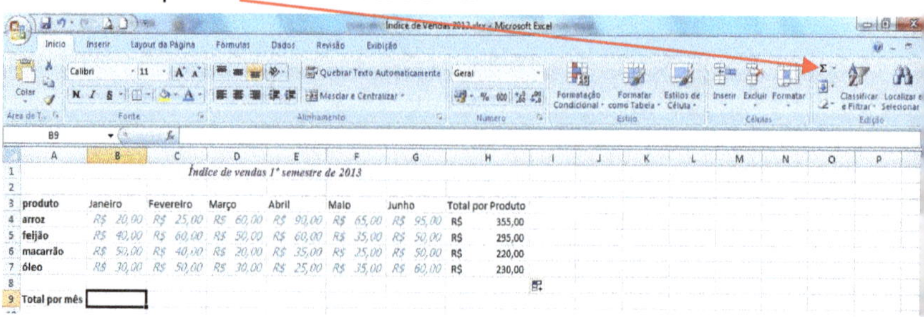

Índice de vendas 1º semestre de 2013

produto	Janeiro	Fevereiro	Março	Abril	Maio	Junho	Total por Produto
arroz	R$ 20,00	R$ 25,00	R$ 60,00	R$ 90,00	R$ 65,00	R$ 95,00	R$ 355,00
feijão	R$ 40,00	R$ 60,00	R$ 50,00	R$ 60,00	R$ 35,00	R$ 50,00	R$ 295,00
macarrão	R$ 50,00	R$ 40,00	R$ 20,00	R$ 35,00	R$ 25,00	R$ 50,00	R$ 220,00
óleo	R$ 30,00	R$ 50,00	R$ 30,00	R$ 25,00	R$ 35,00	R$ 60,00	R$ 230,00
Total por mês							

Figura 14: Uso do botão AutoSoma

9. Selecione o intervalo de células de B4 até B7.

10. Pressione a tecla ENTER.

11. Repita o procedimento anterior para as células: C9, D9, E9, F9 e G9.

12. Na caixa nome, digite o intervalo de células: A1:H9, pressione ENTER.

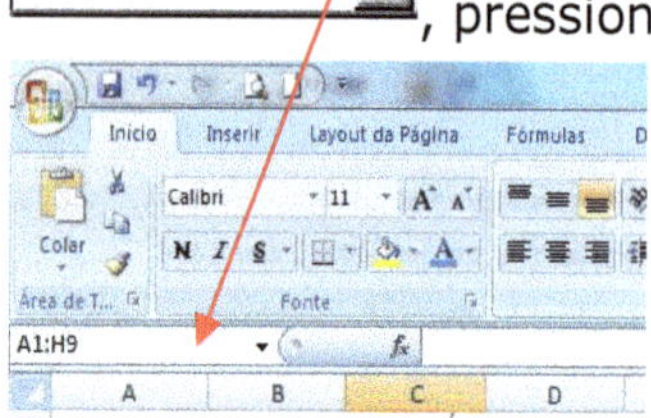

Figura 15: Uso da Caixa Nome

13. Veja que todo o conteúdo foi selecionado. Clique em
Copiar.

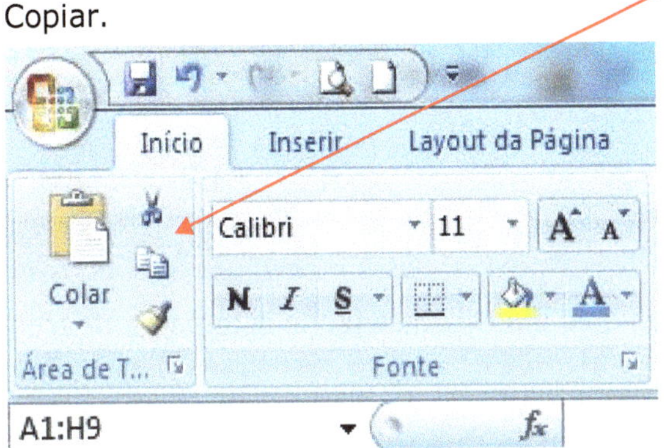

Figura 16: Uso do Botão Copiar

14. Clique em plan 2, e na célula A1.
15. Clique em Colar.

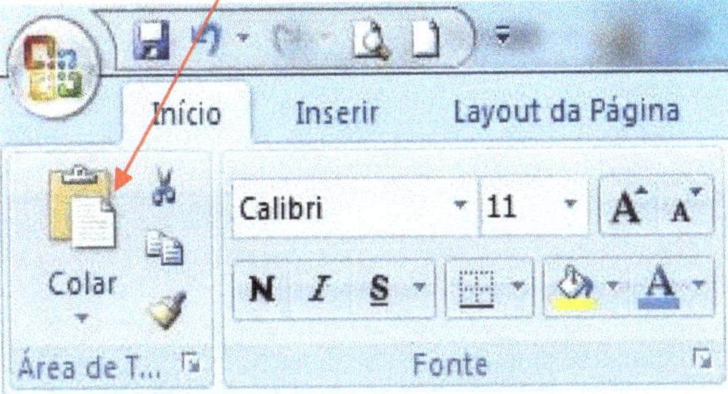

Figura 17: Uso do botão Colar

16. Estando na plan2, altere o título para Índice de Vendas 2º Semestre 2013.

17. Em B3 digite Julho. Usando o recuso de auto preenchimento, faça com que as células B3:G3, fiquem preenchidas com os 6 últimos meses do ano.

18. Altere os valores como descrito a seguir, observe que automaticamente os valores dos totais serão modificados:

julho	agosto	setembro	outubro	novembro	dezembro
500	500	550	700	500	600
200	300	200	200	250	250
700	800	1000	1000	800	900
400	350	500	450	400	400

19. Salve as alterações e feche esta pasta de trabalho.

Capítulo 5 - Operações Aritméticas

Soma: Usando a planilha a seguir, vamos fixar a soma de valores.

	A	B
1	Controle de gastos	
2		
3	Produtos	Total de gastos
4	Caderno	R$ 40,00
5	Estojo	R$ 6,20
6	Lápis	R$ 2,50
7	Borracha	R$ 0,35
8	Caneta	R$ 1,20
9	Total	R$ 50,25

Figura 18: Planilha Controle de Gastos

Para saber o Total, na célula B9 foi inserida a fórmula **=B4+B5+B6+B7+B8**. Toda fórmula começa com o sinal de =. Usa-se sempre o endereço da célula e não o valor que está dentro dela, pois caso seja necessário alterar o valor, o total é calculado de forma automática.

Multiplicação:

	A	B	C	D
1	Controle de gastos de materiais escolares			
2				
3	Produtos	Total de gastos	Quantidade	Total do Produto
4	Caderno	R$ 40,00	2	R$ 80,00
5	Estojo	R$ 6,20	1	R$ 6,20
6	Lápis	R$ 2,50	5	R$ 12,50
7	Borracha	R$ 0,35	3	R$ 1,05
8	Caneta	R$ 1,20	8	R$ 9,60
9	Total	R$ 50,25		R$ 109,35

Figura 19:Planilha Controle de Gastos de Materiais Escolares

Acrescentamos algumas colunas na planilha anterior: A quantidade e o total de Produto.

Usamos a multiplicação na célula D4, pois temos o valor do caderno e sua quantidade vendida. Para saber o total gasto com caderno, usamos a fórmula = B4*C4 (onde o * simboliza a multiplicação). Desta mesma forma, descobrimos o gasto com estojo, através da fórmula contida na célula D5, que é =B5*C5.

Atividade

Responda, quais as fórmulas que estão contidas nas células:

- D6
- D7
- D8
- D9

Divisão:

A divisão no Excel é representada pelo símbolo de /.

Para exemplificar o seu uso, usaremos a planilha abaixo, que calcula a média dos alunos. Lembre-se que para calcular a média, é necessário primeiro realizar a soma de valores, para depois realizar a divisão pela quantidade de valores envolvidos na questão. No caso abaixo, são dadas as notas dos alunos referentes a cada bimestre, ou seja, temos 4 notas.

Assim, para realizar o cálculo da média, somaremos as 4 notas, e depois realizaremos a divisão por 4. Para indicar que o Excel deve realizar primeiro a soma, usamos os parênteses para fazer isso. Desta forma teremos:

(nota1+nota2+nota3+nota4)/4. Como estamos trabalhando na planilha, usamos o endereço da célula que contém o valor da nota. Para calcular a média do aluno Paulo Soares, iremos clicar na célula onde sairá o resultado (G3) e assim digitar =(C3+D3+E3+F3)/4. Ao pressionar Enter, já será exibido o valor da média.

	A	B	C	D	E	F	G
1			Controle de Notas 2009				
2	Números	Aluno	1º bimestre	2º bimestre	3º bimestre	4º bimestre	Média
3	1	Paulo Soares	6,5	5,5	7,5	9,5	7,3
4	2	Rodrigo Cruz	9,5	10	10	9,5	9,8
5	3	Josemar Almeida	9,5	10	10	9,5	9,8
6	4	Pedro Silva	10	9,5	10	9,5	9,8
7	5	Marcos Paulo	7	4,5	7	5	5,9
8	6	Marília Cruz	10	9,5	10	9,5	9,8
9	7	Nelson Cabral	8	7,5	8,5	7,5	7,9
10	8	Léo Tatoo	6,5	9	9,5	4,5	7,4
11	9	Michele Santos	10	9,5	10	9,5	9,8
12	10	Wesley da Silva	2	4	8,5	6,5	5,3
13							

Figura 20: Planilha Controle de Notas

Formatação Condicional

Neste tipo de formatação, a cor da fonte será mudada de forma automática de acordo com uma condição estabelecida. No nosso exemplo acima, quando a média for menor do que 6, a fonte ficará vermelha, quando for maior ou igual a 6, ficará azul. Selecionando o intervalo de células que contém a média, e entrando em Formatação Condicional.

Notas vermelhas

- Selecione as células e entre em Formatação Condicional:

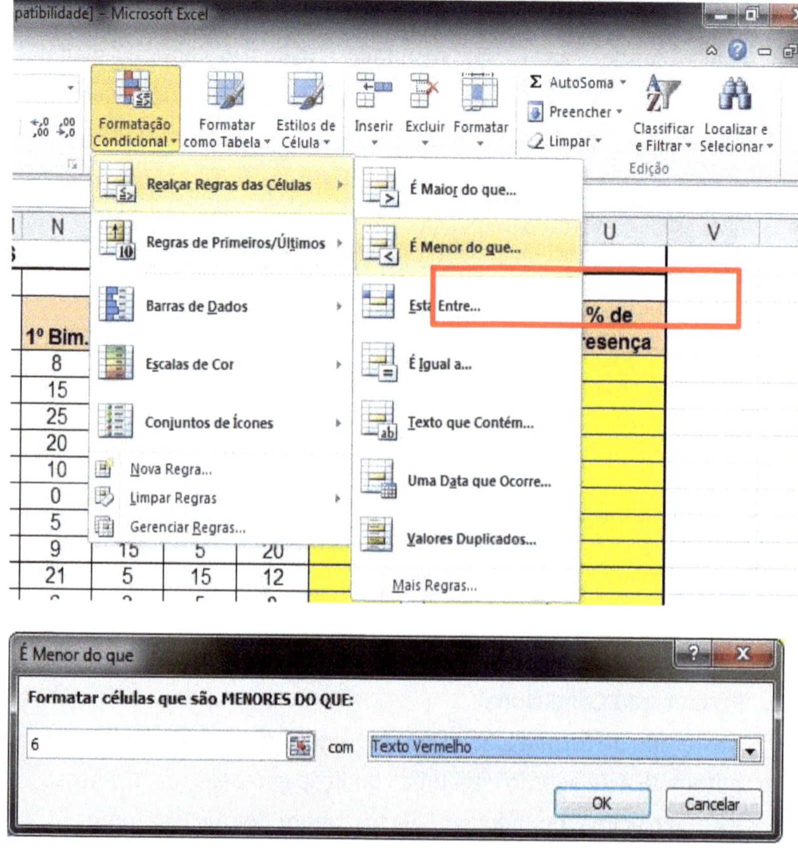

Figura 21: Formatação Condicional - Vermelhas

Notas azuis

- Selecione as células e entre em Formatação Condicional:

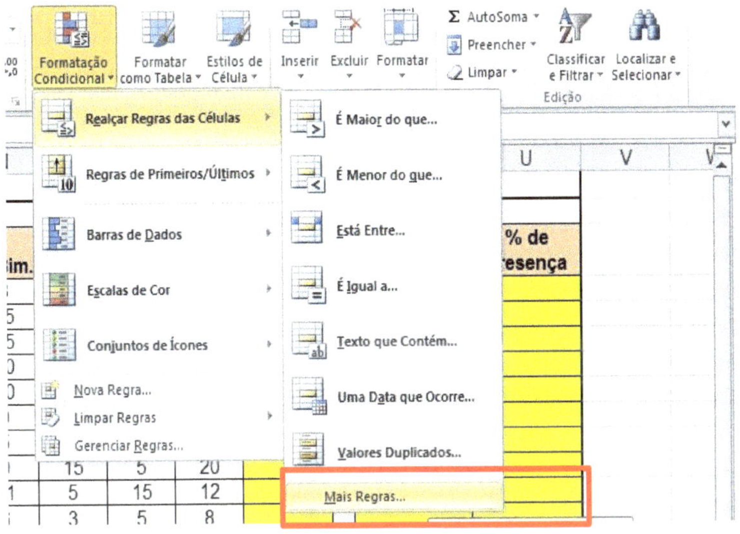

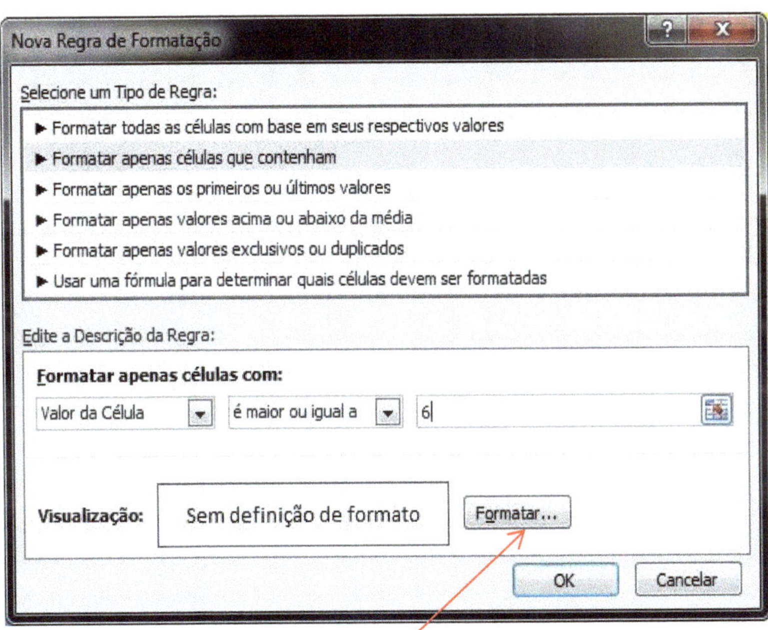

Figura 22: Formatação Condicional- Azul

Clique no botão formatar e escolha a cor azul

Atividade

Coloque qual é a fórmula que deverá ser preenchida nas células: G4, G5, G6, G7, G8, G9, G10, G11, G12.

Capítulo 6 - Funções Média, Máximo e Mínimo

Observe a planilha a seguir

	A	B	C	D	E	F	G
1	Controle de Notas 2009						
2	Números	Aluno	1º bimestre	2º bimestre	3º bimestre	4º bimestre	Média
3	1	Paulo Soares	6,5	5,5	7,5	9,5	7,25
4	2	Rodrigo Cruz	5	2	8	6	5,25
5							
6		Nota Máxima	6,5	5,5	8	9,5	7,25
7		Nota Mínima	5	2	7,5	6	5,25

Figura 23: Planilha de Controle de Notas

Função Média

Essa função permite o cálculo da média de um intervalo de valores.

Estando na célula G3, para o cálculo da média, digite =MÉDIA(C3:F3), ou seja, será calcula a média do aluno Paulo, cuja as notas estão no intervalo de células de C3 até F3.

Atividade

Descreva os passos necessários para calcular a média do aluno Rodrigo:

____

—

____

—

____

—

Função Máximo

Esta função irá mostrar qual o maior valor num dado intervalo de células. Por exemplo, para saber a maior nota do 1º Bimestre, devemos digitar =MÁXIMO(C3:C4).

Atividade

Qual a fórmula para calcular a maior nota do:

- 2º Bimestre
- 3º Bimestre
- 4º Bimestre

Função Mínimo

Esta função irá mostrar qual o menor valor num dado intervalo de células. Por exemplo, para saber a menor nota do 1º Bimestre, devemos digitar =MÍNIMO(C3:C4).

Atividade

Qual a fórmula para calcular a menor nota do:

- 2º Bimestre
- 3º Bimestre
- 4º Bimestre

Capítulo 7 - Função CONT.SE

A função CONT.Se serve para **contar** quantas células obedecem determinada condição.

Observe que na planilha abaixo, queremos que apareça, de forma automática a QUANTIDADE de alunos aprovados, e a QUANTIDADE de alunos reprovados.

	A	B	C	D	E	F
1	Aluno	1º Bimestre	2º Bimestre	3º Bimestre	4º Bimestre	Média
2	Maria	8	7	6	2	5,75
3	Aline	5	6	9	6,5	6,63
4	Ana	7	9	2	4,5	5,63
5						
6	Qtde de Aprovados					
7	Qtde de Reprovados					

Figura 24: Uso da função Cont.Se

Estando na célula B6, entrando em Inserir – Função, localizar a função cont.se, será exibida uma janela como esta, onde você deverá inserir os critérios da fórmula.

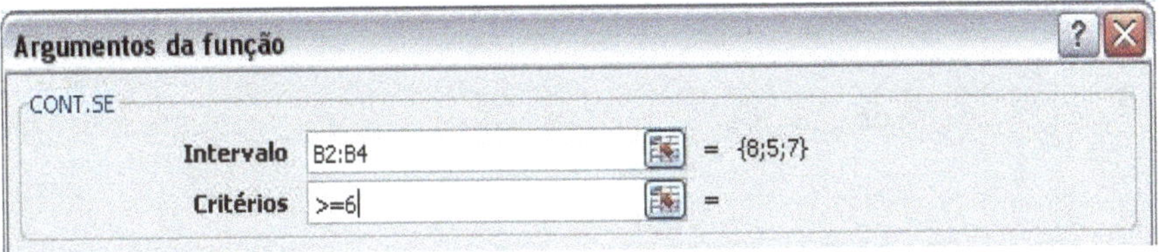

Figura 25: Argumentos da Função Cont.Se

Onde:

- O intervalo são as notas do 1º Bimestre, de B2 até B4.

- O critério é a condição que o Excel vai usar para contar, ou seja, se neste intervalo existir uma nota maior ou igual a 6 ele irá contar.
- Como neste caso, existem duas notas maiores que 6 (Nota da Maria =8 e Nota da Ana=7) o resultado será 2.

Na célula B7 deverá ser exibida a quantidade de alunos reprovados. Para isso, você deverá entrar novamente em Inserir – Função, localizar Cont.Se

O intervalo será o mesmo B2:B4. Porém o critério agora é REPROVADO (a condição para que o aluno esteja reprovado é que a nota seja <6), por isso em critério, será colocado <6. Neste primeiro exemplo temos uma nota menor que 6 (nota da Aline = 5), então o resultado será 1.

Atividade

Para as células a seguir, coloque qual o intervalo e qual o critério que deverá conter na fórmula Cont.Se.

Célula	*Intervalo*	*Critério*	*Resultado*
C6			
C7			
E6			
F7			

Capítulo 8 - Função SE

A função SE no Excel é usada quando desejamos fazer um teste lógico de acordo com uma condição. Por exemplo:

- João ficou com média 8 em Informática. Para sabermos se ele está aprovado ou reprovado usaremos o seguinte teste lógico:
  - Se a média for maior ou igual a 6, ele estará APROVADO, caso contrário, ou seja, se a média for menor do que 6, ele estará REPROVADO.

	A	B	C	D	E	F	G
1	Aluno	Nota 1	Nota 2	Nota 3	Nota 4	Média	Situação
2	João	5	10	8	9	8	
3							

Figura 26: Uso da Função SE

Para calcular a média de uma maneira mais prática, clique na célula F2, e digite =MÉDIA(B2:E2), isso irá fazer com que o excel calcule a média do intervalo de células de B2 até E2.

Para saber a situação do aluno (APROVADO ou REPROVADO) clique na célula G2, e entre em Inserir – Função.

Procure a função SE.

Preencha a janela como a seguir:

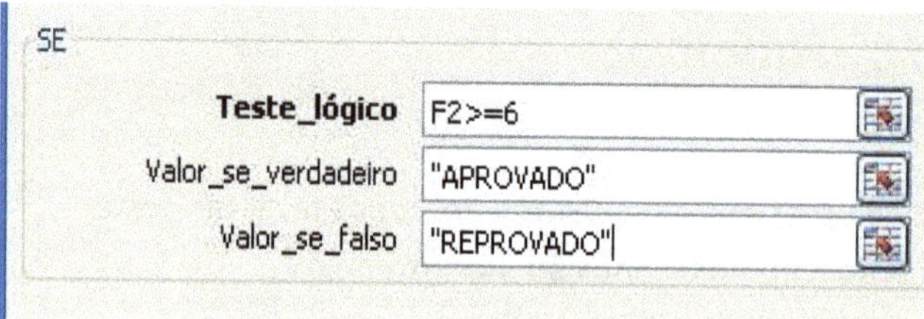

Figura 27: Critérios da Função Se

Isso quer dizer: se a média do João for maior ou igual a 6, ele estará APROVADO, senão, ele estará REPROVADO.

A. Observe a planilha a seguir, onde é dado o nome da pessoa, a altura e o seu peso. Na coluna D será CALCULADA através de uma fórmula o Peso ideal.

	A	B	C	D	E
1	Nome	Altura	Peso	Peso ideal	Situação
2	Maria	1,70	50		
3	João	1,40	42		
4	Pedro	1,80	70		
5	Marcos	1,95	80		
6	Antônio	1,65	60		
7	Vinícius	1,30	40		
8	Bianca	1,50	60		
9					
10	Quantidade de Pessoas Acima do Peso Ideal				
11	Quantidade de Pessoas Abaixo do Peso Ideal				
12					

Figura 28: Planilha Peso Ideal

A fórmula para descobrir o peso ideal é: **72,7*altura-58.**

Assim, em D2, teremos a fórmula: **=72,7*B2-58**

B. De forma similar, coloque as fórmulas para as células:

- D3 –

- D4 –
- D5 –
- D6 –
- D7 – 	D8 –

C. Na coluna E é mostrada a situação, se a pessoa está acima do peso ou abaixo do peso. Se o peso da pessoa for maior do que o peso ideal, a pessoa está acima do peso, senão está abaixo do peso. Observe o exemplo:

D. Preencha a fórmula para as demais células.

E. Na célula B10, coloque a fórmula usando a função Cont.Se para descobrir quantas pessoas estão acima do peso ideal.

F. Na célula B11, coloque a fórmula usando a função Cont.Se para descobrir quantas pessoas estão abaixo do peso ideal.

Capítulo 9 – Endereço Absoluto e Relativo

1. Abra o Microsoft Excel e digite a planilha a seguir:

	A	B	C
1	**Planilha de Conversão**		
2			
3	**Produto**	**Valor em Dólar**	**Valor em Real**
4	Monitor	350,00	
5	Teclado	50,00	
6	Mouse	7,00	
7	Scanner	180,00	
8	Impressora	200,00	
9			
10	**Valor do Dólar**	2,50	

Figura 29: Planilha de Conversão

2. Faça formatações de fonte, número, alinhamento, bordas e padrão.

Vamos calcular o valor dos produtos em reais. Devemos multiplicar o valor do produto em dólar, pelo valor atual do dólar.

3. Posicione o cursor na célula C4 e digite =(B4*B10)
4. Clique na alça de preenchimento da célula C4 e arraste até a célula C8.

Observe que o resultado é zero. Isso acontece porque a célula B10, que contém o valor atual do dólar, é uma célula fixa, ou seja, não vai variar, e isto não foi mostrado ao Excel. Devemos *indicar quando um endereço é fixo, com o símbolo de cifrão ($) entre a letra e o número do endereço da célula.*

5. Clique na célula C4 e observe a barra de fórmulas:

C4 = =B4*B10

6. Estando na barra de fórmulas, clique entre a letra B e o número 10 do endereço B10 e no teclado, pressione a tecla F4.

Note que o símbolo de cifrão aparecerá automaticamente. Em seguida, pressione a tecla Enter para confirmar.

Dessa forma, o Excel entende que o endereço é fixo, que não pode ser alterado.

7. Agora, você pode copiar com o auto preenchimento a fórmula da célula C4 para as demais células.

8. Altere o valor da célula B10 para 2,60 e veja que todos os valores em reais foram automaticamente alterados.

9. Salve com o nome de Planilha de Conversão.

Capítulo 10 – Gráficos

O que é um Gráfico ?

Um gráfico é a representação gráfica dos dados de uma planilha.

Alguns Tipos de Gráficos

Gráfico de barras

Mostra os números individuais em um tempo específico ou ilustra comparações entre itens.

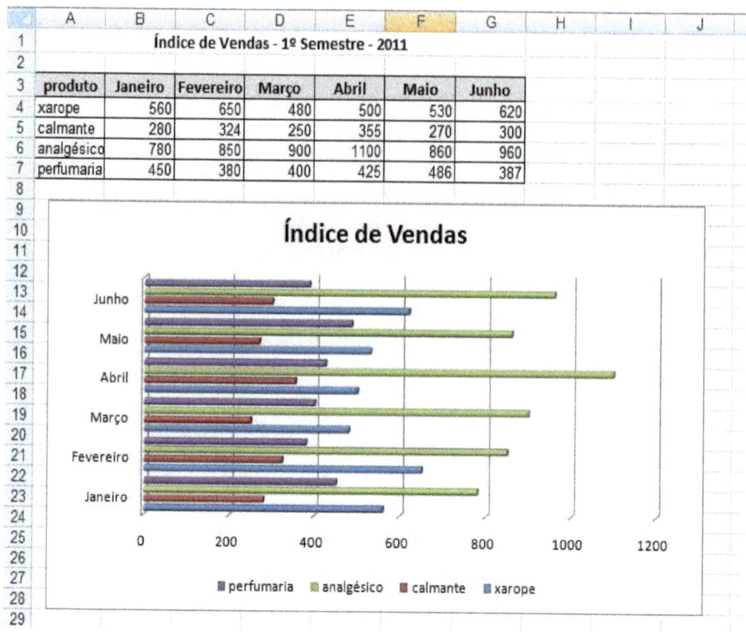

Índice de Vendas - 1º Semestre - 2011

produto	Janeiro	Fevereiro	Março	Abril	Maio	Junho
xarope	560	650	480	500	530	620
calmante	280	324	250	355	270	300
analgésico	780	850	900	1100	860	960
perfumaria	450	380	400	425	486	387

Figura 30: Gráfico de Barras

Gráfico de colunas

Mostra uma variação em um período de tempo ou ilustra comparações entre itens. Embora semelhante ao gráfico de barras, as categorias do gráfico de colunas são organizadas na horizontal e os valores na vertical.

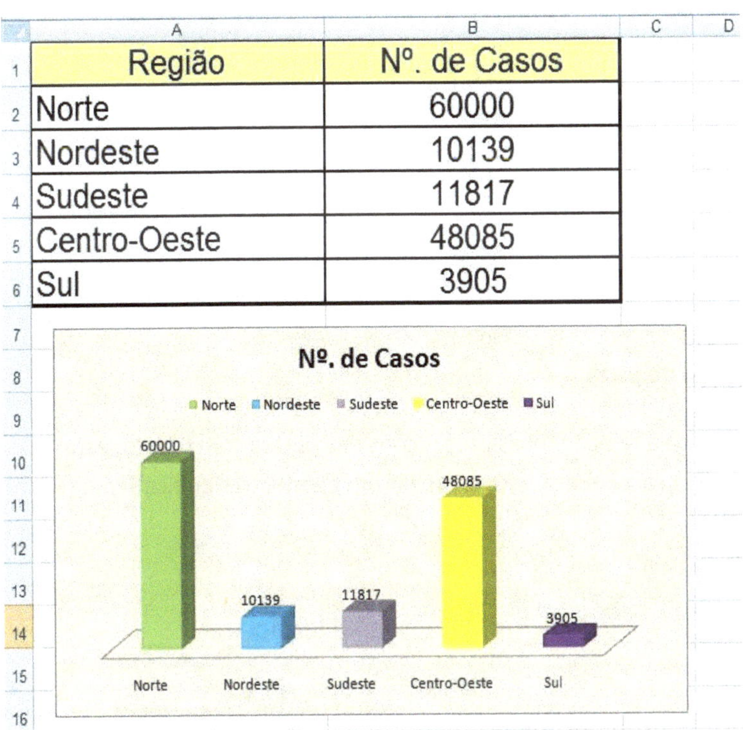

Região	Nº. de Casos
Norte	60000
Nordeste	10139
Sudeste	11817
Centro-Oeste	48085
Sul	3905

Figura 31: Gráfico de Colunas

Gráfico de linhas

Mostra as tendências ou mudanças nos dados em um período de tempo, em intervalos uniformes. O gráfico de linhas enfatiza o fluxo de tempo e a taxa de mudança, e não a quantidade de mudanças.

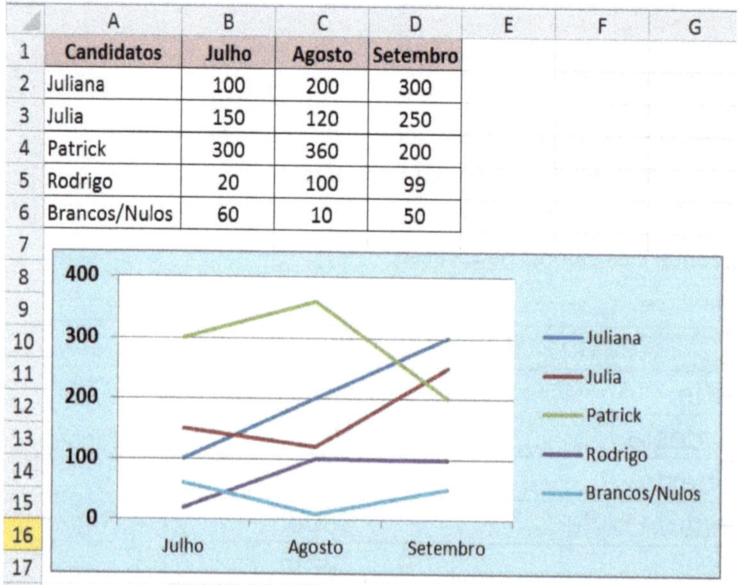

Candidatos	Julho	Agosto	Setembro
Juliana	100	200	300
Julia	150	120	250
Patrick	300	360	200
Rodrigo	20	100	99
Brancos/Nulos	60	10	50

Figura 32: Gráfico de Linhas

Gráfico de pizza

Mostra a relação ou as proporções das partes com o todo; este tipo de gráfico é útil para enfatizar um elemento significativo.

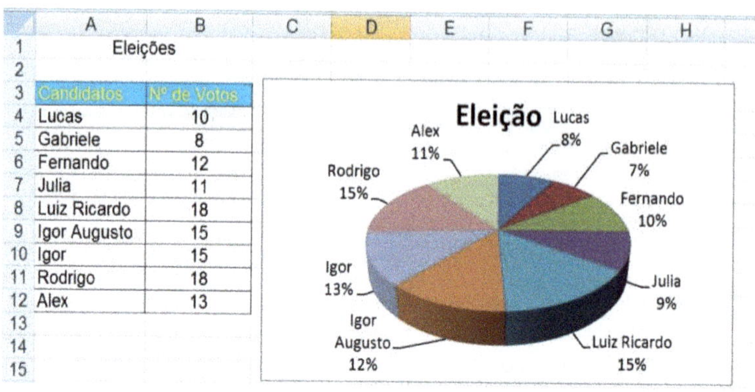

Eleições

Candidatos	Nº de Votos
Lucas	10
Gabriele	8
Fernando	12
Julia	11
Luiz Ricardo	18
Igor Augusto	15
Igor	15
Rodrigo	18
Alex	13

Figura 33: Gráfico de Pizza

Gráfico de Rosca

Realiza uma divisão correspondente a cada valor, comparando com o todo.

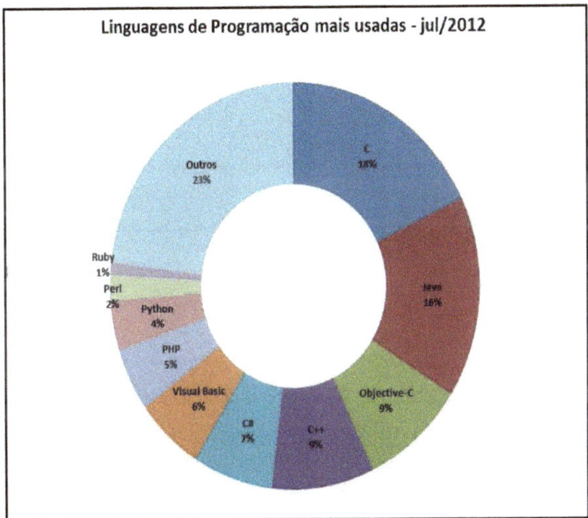

Figura 34: Gráfico de Rosca

Como inserir um gráfico:

1. Selecione os dados que farão parte do gráfico. E na guia Inserir escolha o tipo de gráfico mais adequado para a situação.

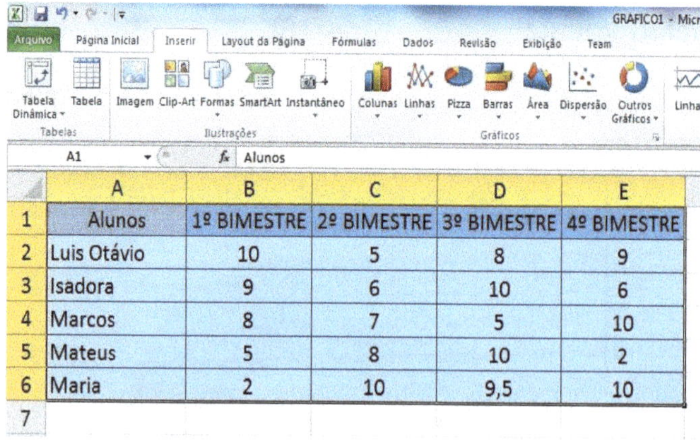

	A	B	C	D	E
1	Alunos	1º BIMESTRE	2º BIMESTRE	3º BIMESTRE	4º BIMESTRE
2	Luis Otávio	10	5	8	9
3	Isadora	9	6	10	6
4	Marcos	8	7	5	10
5	Mateus	5	8	10	2
6	Maria	2	10	9,5	10

Figura 35: Seleção de dados para gráfico

2. Neste exemplo, será usado o gráfico de colunas, clique em Colunas e no estilo Cilindro.

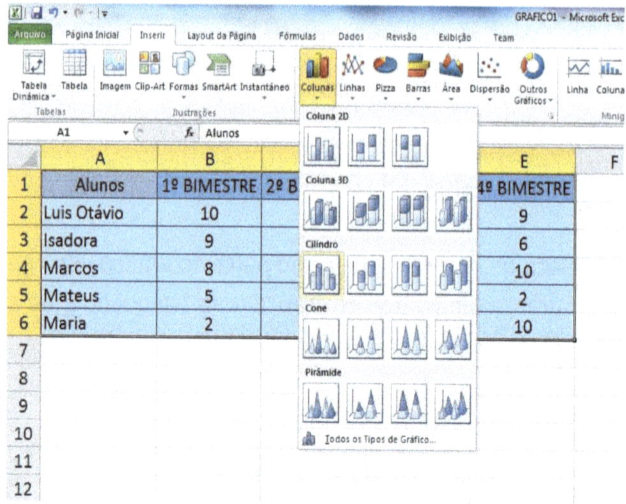

Figura 36: Colunas do Tipo Cilindro

3. Na parte superior da janela, quando o gráfico está selecionado, temos a aba **Design** presente na tela. Em

Layout do Gráfico, existe algumas variações quanto a exibição dos dados do gráfico na tela.

Por exemplo, existe modelos com a presença de títulos, outros com a presença de dados em %, outros variam a posição da legenda. Você poderá ir clicando em cada modelo de layout até encontrar um modelo mais adequado para o seu gráfico.

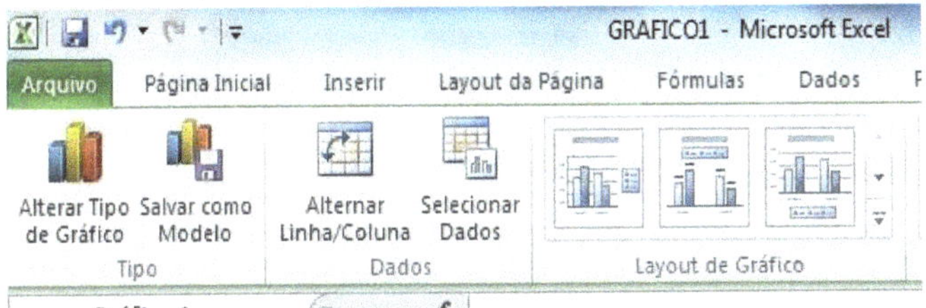

Figura 37: Layout do Gráfico

4. Ainda na aba Design temos Estilos rápidos de Formatação do Gráfico.

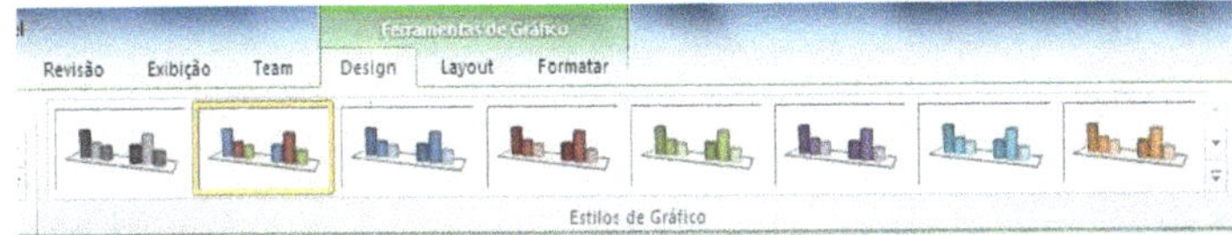

Figura 38: Estilos de Gráfico

5. Ao final da aba Design encontramos o botão Mover Gráfico.

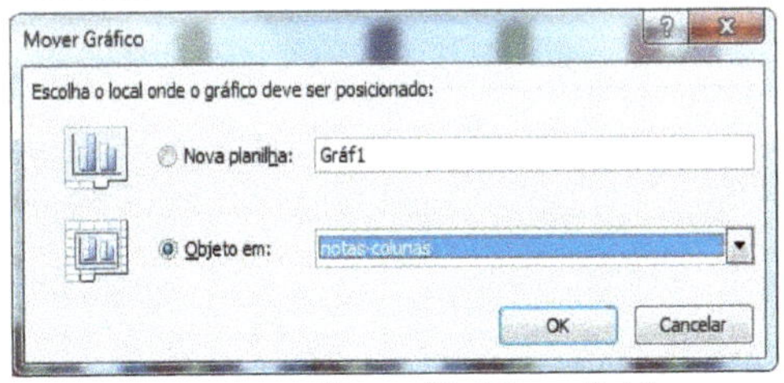

Figura 39: Mover Gráfico

- Nesta janela podemos definir se o gráfico ficará em outra planilha (diferente daquela onde foi gerado), ou ainda como uma nova planilha. Neste caso, será criada uma planilha contendo apenas o gráfico.

Formatação do Gráfico

Para alterar as cores do gráfico, basta clicar duplo com o mouse na área onde deseja-se formatar. Por exemplo, clicando-se duplo na área branca do gráfico, será exibida a janela a seguir:

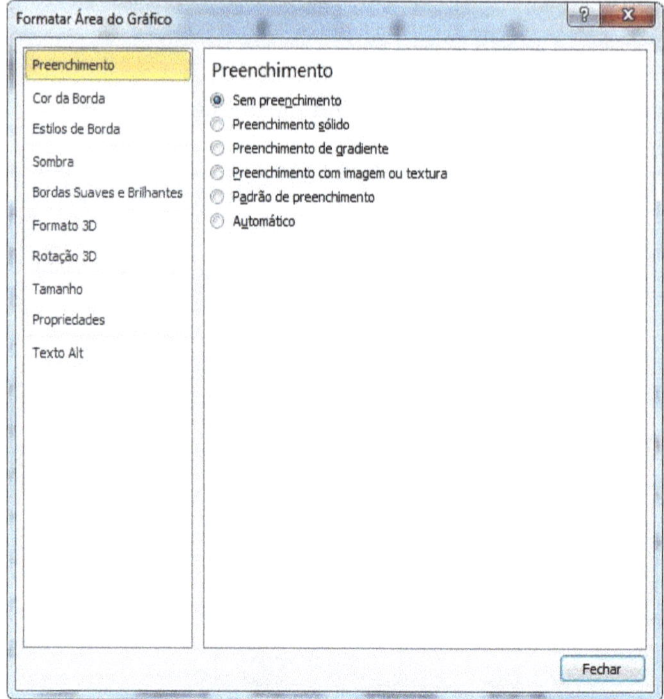

Figura 40: Formatação do Preenchimento do Gráfico

Onde, temos as seguintes opções de preenchimento:

- Preenchimento sólido: apenas uma cor
- Preenchimento gradiente: mistura de duas ou mais cores
- Preenchimento com imagem ou textura: Podemos usar uma imagem armazenada ou as texturas disponíveis pelo programa
- Padrão de preenchimento: Mistura de cores e formas como retas, círculos.

Capítulo 11 - Configuração do Trabalho para Impressão

Através o botão Visualizar Impressão podemos ter uma prévia de como irá ficar o trabalho que será impresso.

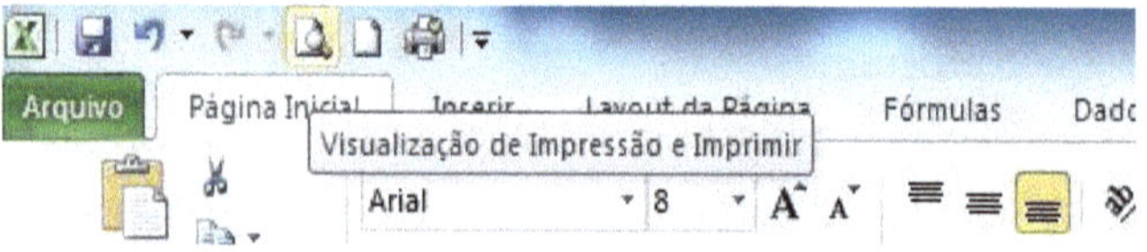

Figura 41: Botão Visualizar Impressão

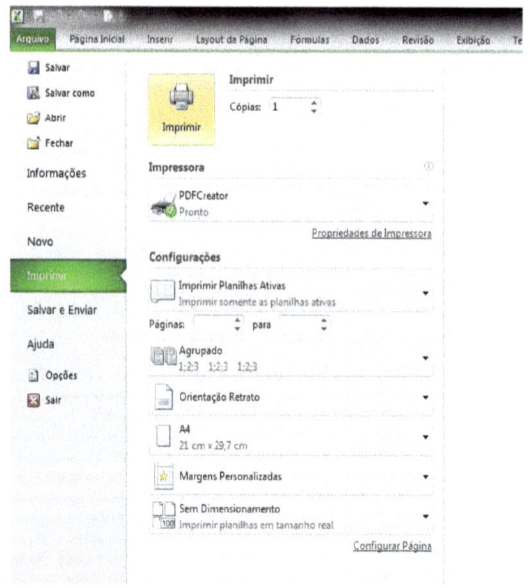

Figura 42: Configurar Impressão

Através desta tela é possível determinar a quantidade de cópias que queremos imprimir.

Selecionar a impressora que iremos usar para a impressão.

Qual planilha será usada para a impressão, e o intervalo de páginas que será impresso.

A orientação da página poderá ser alterada para retrato (folha na vertical) ou paisagem (folha na horizontal)

Em A4 podemos mudar o tipo do Papel, de acordo com aquele que será usado na impressão.

Na opção Margens Personalizadas, podemos alterar as dimensões das margens da planilha.

E na opção de Dimensionamento podemos ajustar, por exemplo, todos os dados da planilha em apenas, uma folha.

Após a definição das opções, basta clicar no botão imprimir.

www.ingramcontent.com/pod-product-compliance
Ingram Content Group UK Ltd.
Pitfield, Milton Keynes, MK11 3LW, UK
UKHW021835270726
14058UKWH00002B/174